Für Katja. W.G.
Für Janosch. T.K.

Will Gmehling / Tobias Krejtschi

KLEOPATRA

Peter Hammer Verlag

Wenn ich nicht so getüpfelt wäre, sondern eher gestreift, hätte ich sicher mehr Möglichkeiten, dachte Kleopatra oft. Tüpfelhyänen sind nicht reizvoll. Tüpfelhyänen sind einfach nur getüpfelt.

Oh, Kleopatra!
Wenn sie schrie, klang es wie ein schrilles Lachen.

Sie hatte einen kleinen Laden am Ende der Welt, in dem Haus direkt neben der Müllhalde. Dort wohnte sie auch.

Ihr Laden war einer wie kein anderer sonst, es war ein Laden für Sachen, die keiner mehr will. Für unnütze Sachen.
„Hier haben wir eine Schachtel mit echtem Staub aus Paris", sagte Kleopatra jeden Morgen zu sich selbst, wenn sie vor dem großen Regal stand. „Staub von 1902! Und hier eine zauberhafte Sammlung zerrissener Spinnennetze, eigenhändig von mir gesammelt, vor allem im Herbst! Alte Einlegesohlen, ganz durchschwitzt, von wem auch immer! Rostige Dosendeckel! Luft aus Brasilien, in portugiesischen Flaschen! Glöckchen ohne Klöppel! Schneckenhäuser ohne Schnecken! Zerfetzte Regenschirme! Bleistiftstummel! Fotos mit nichts drauf! Blätter vom letzten Jahr!! Gras!!!"

Begeistert betrachtete Kleopatra ihre Sammlung. Wenn sie dann aber ihr Frühstück aß, fragte sie sich, woran es lag, dass sie kaum Besuch bekam. Nur manchmal ließ sich jemand blicken, sah sich kurz um und verließ kopfschüttelnd und ohne zu grüßen den Laden.
Und dann vergingen wieder Tage, ohne dass etwas geschah, Tage ohne Kundschaft.

Am Abend ging Kleopatra gern zur Müllhalde und suchte nach neuen Schätzen. Die Müllhalde war ein aufregender Ort, immer lag etwas Wundervolles herum. Auch zu essen gab es reichlich: Knochen mit was dran, Fischreste, Ravioli.
Auf der Müllhalde traf sie immer die anderen Geschöpfe, die Möwen, Raben und Füchse. Sie alle wollten ihre hungrigen Bäuche füllen.
Ein Leben ohne Müllhalde war für Kleopatra vollkommen sinnlos, zumindest hier, am Ende der Welt.

Wenn sie aber allein in ihrem Haus war, träumte sie oft von einem
Ort, an dem sie nicht mehr so einsam wäre.
An einem solchen Ort allerdings war Kleopatra nie gewesen, sie war ja
im Zoo geboren worden. Später war sie ausgebrochen, und es
hatte sie hierher verschlagen, sie wusste kaum noch, wann und wie.

Und doch träumte sie oft und ausgiebig von einem heißen und wilden
Land. Dort gab es Hyänen und Beute für Hyänen, glühende Sonnen-
untergänge und heißen Wind.

Als Kleopatra eines Nachts heimkehrte in ihr Haus, trug sie im Maul ein halbes Hähnchen und um den Hals einen kaputten Fahrradschlauch.

Das war ein erfolgreicher Aufenthalt auf der Müllhalde gewesen! Zwar hatte sie sich mit drei Möwen um das Hähnchen gestritten – Möwen aber waren keine ernst zu nehmenden Gegner.

Kleopatra legte den Fahrradschlauch neben die Plastiktüten mit Loch und lächelte auf ihre einzigartige Hyänenart.

Dann verspeiste sie ihr Hähnchen.

Als sie sich später schlafen legte, schien der Mond silbrig und schimmernd durch das Fenster.

Zeit zu träumen, von dem Land mit der Sonnenglut und dem heißen Wind. Fast konnte sie ihn spüren, wie er über ihr getüpfeltes Fell strich.

Mitten in der Nacht jedoch weckte sie ein Geruch. Vor dem Regal stand ein Mensch – nicht sehr groß, aber ein Mensch. Vorsichtshalber fletschte Kleopatra die Zähne und knurrte bedrohlich.

Der Mensch wandte sich um und sie sahen sich an. Es war der Junge von den Leuten aus der Siedlung am Fluss, Kleopatra kannte ihn.

„Ach, du bist es", sagte sie. „Kannst du nicht schlafen?"

„Nein", sagte der Junge.

„Das kommt sicher vom Mond."

Der Junge nickte.

„Hast du keine Angst vor mir? Macht dir mein Schreien nichts aus?"

Der Junge schüttelte den Kopf.

„Gefällt dir meine Sammlung? Möchtest du etwas kaufen?"

„Ja. Die alte Taucherbrille ohne Gläser und ohne Gummiband."

„Oh!", rief Kleopatra aus. „Eine exzellente Wahl! Ich hab sie am Baggersee gefunden."

„Was soll sie denn kosten?", fragte der Junge.

„Elf Cent", antwortete Kleopatra sofort. „Oder sagen wir zwölf! Es gilt der Nachttarif. Wie heißt du?"

„Edwin. Aber sie nennen mich Ed."

Kleopatra beschnüffelte seine nackten Füße.

„Elf Cent ist zu teuer", sagte Ed.

Kleopatra richtete sich auf und schüttelte sich. Ihr Hyänenduft erfüllte das Haus. „Dann eben sieben."

„Fünf!", sagte Ed.

„Sagen wir vier!", rief Kleopatra. „Du bist ein sehr eigensinniges Kind, wusstest du das?"

Ed zuckte mit den Schultern. „Ja. Das war schon immer so."

„Willst du etwas trinken?", fragte Kleopatra. „Es ist noch ein Rest Limonade da. Vorgestern gefunden."

„Gegen Limonade kann man nicht sein", entschied Ed und setzte sich auf Kleopatras Sofa, das ganz eindeutig schon bessere Zeiten erlebt hatte. Im Grunde genommen bestand es nur aus Löchern und Flecken.

„Was machst du so?", erkundigte sich Kleopatra.

„Am Fluss sitzen und mir was ausdenken", antwortete Ed.

„Und sonst?"

„Boxen, Nichtstun, Filme gucken."

Ed kam jetzt jede Nacht, auch wenn der Mond nicht schien und es regnete. Er war der erste Besucher, der sich ernsthaft für Kleopatras Sammlung interessierte. Aber auch sonst kamen sie sich näher und erzählten einander vom Leben in der Siedlung am Fluss oder vom Leben im Zoo.

Sie gewöhnten sich aneinander. Sie waren ja sehr unterschiedlich, doch wenn man im Dunkel der Nacht beisammensitzt, ist vieles möglich.

Zum Beispiel sagte Ed eines Morgens, als es eben dämmerte: „Jetzt muss ich schon wieder zur Schule. Aber es wäre nicht schlecht, wenn du mich mal besuchen kämest."

Er hatte eine Mutter, einen Vater und sieben Geschwister. Sie alle saßen erwartungsvoll am Tisch, als Kleopatra an einem Donnerstagnachmittag zu Besuch kam. Auf dem Tisch stand eine Kanne mit Wasser, daneben eine Flasche Erdbeersirup. Außerdem gab es Kuchen und für Kleopatra einen Teller mit kalten Fleischresten.

„Ist mir eine Ehre, Sie kennenzulernen", sagte Aki, der Vater.

„Setzen Sie sich hin und essen Sie was", sagte Loreley, die Mutter.

Die sieben Geschwister sagten nichts, sondern betasteten neugierig Kleopatras getüpfeltes Fell.

„Ed meint, die Sachen, die Sie in Ihrem Laden haben, sind besonders", sagte Aki.

„Das stimmt!", rief Kleopatra aus.

„Ed meint, Sie riechen streng", sagte Loreley.

„Das stimmt auch", rief Kleopatra.

Sie wollten alles von ihr wissen, woher sie kam und was im Zoo passiert war und wie sie es geschafft hatte, von dort wegzukommen. Doch schon bald langweilte sie sich. Auch die Fleischreste hatte sie längst aufgegessen.

„Habt ihr noch was von dem leckeren Zeug?", fragte sie.

„Nein, leider nicht", sagten Aki und Loreley gleichzeitig.

„Dann muss ich jetzt zu meinen Sachen", sagte Kleopatra. „Hättet ihr nicht vielleicht irgendwas, was sonst keiner mehr will?"

„Eigentlich haben wir nur so was", murmelte Ed.

„Was halten Sie hiervon?", fragte Loreley und zog unter dem Sofa einen kleinen Pappkoffer hervor. „Er ist natürlich schon alt und auch ziemlich kaputt. Und zumachen kann man ihn auch nicht richtig …"

„Ach, das macht nichts!", rief Kleopatra aufgeregt.

Jetzt besaß sie also einen Koffer. Und wie gut die Punkte zu ihren Tüpfeln passten! Stolz schritt sie durch die Siedlung der Menschen. Alle konnten sie sehen.

Zu Hause widmete sich Kleopatra ihrer Sammlung. Jedes einzelne Teil musste regelmäßig abgestaubt und behutsam zurück ins Regal gelegt werden, auch die bunten Glasscherben und die zerrissenen Schnürsenkel. Sie brauchte Stunden für diese Arbeit.

Am Abend fand sie auf der Müllhalde ein paar rostige Kronkorken mit einem Einhorn drauf. Und dann entdeckte sie etwas sehr Besonderes: Es war eine alte, speckige Weltkarte, der schon einige Länder fehlten, am Rand. Kleopatra hatte noch nie eine Weltkarte gesehen, sie war aber gleich Feuer und Flamme wegen der vielen Farben und Formen.
Ed erklärte ihr die Sache und tippte mit dem Finger auf die Meere und Kontinente.
„Das hier ist Afrika", sagte er. „Da ist es heiß, und es gibt Wüsten und Savannen und wilde Tiere."
Jetzt ahnte Kleopatra, wonach sie sich so lange gesehnt hatte.
„Natürlich ist Afrika auf der Weltkarte nur ganz klein und nicht das richtige Afrika", sagte Ed. „In echt ist es wahrscheinlich riesengroß."
Kleopatra nickte. „Weil ja all die Tiere hineinpassen müssen. Und die Savanne, die Hitze und der Wind."

Da klopfte es – und herein spazierten Eds Eltern und die sieben Geschwister: Mimmi, Britney, Shakira, Rambo, Sylvester, Vulkan und der kleine Pi.
Sie wollten die Sammlung sehen, sie waren neugierig.
Höflich standen sie vor Kleopatras Regal, berührten dies, betasteten das, zogen dieses hervor und bestaunten jenes. So eine Sammlung hatten sie nie gesehen.
So eine Sammlung gab es auch sonst nirgends.

Und Wunder: Jeder von ihnen fand etwas, das ihm gefiel! Mimmi interessierte sich für die Barbiepuppe ohne Beine, Britney für den löchrigen Glitzerschal. Shakira war scharf auf den einen abgenutzten Boxhandschuh. Rambo wollte den kleinen, ausgestopften Fuchs, Sylvester die Spielzeugfeuerwehr ohne Räder. Vulkan griff nach dem alten Plastikhandy und Pi verliebte sich in die Marionette ohne Fäden. Und Loreley? Sie bewunderte einen alten Schildpattkamm. Zwar fehlten ihm schon einige Zähne, er sah aber edel aus und über alles erhaben.

„Mann!", rief Aki und zeigte auf das oberste Regalfach. „Alter!"
Es war ein Ball, der seine Augen aufleuchten ließ.
„Ein echter und originaler Lederball", staunte er. „Der ist vielleicht schon fünfzig Jahre alt. Der ist besonders. Der ist natürlich ziemlich am Ende. Aber das würde ich wieder hinkriegen, den könnte ich reparieren!"
„Können Sie tun", sagte Kleopatra. „Ihr könnt alles haben, was ihr haben wollt. Heute ist ein Spezialpreistag. Heute kostet alles zusammen nur zwei Euro siebzig."
„Aber dieser Ball hier ist viel mehr wert", sagte Aki. „Der ist ja eine Antiquität. Der kostet bei eBay bestimmt hundert Euro oder so."
„Ist mir egal!", rief Kleopatra und kicherte ihr heiseres Kichern.

„Kannst du Fußball spielen?", fragte Ed. „Wir sind ja zusammen nur zehn. Da bräuchten wir noch jemanden."

„Gegen Fußball kann man nicht sein", antwortete Kleopatra, obwohl sie nicht genau wusste, was das war.

Sie sollte es kennenlernen.

Sie fanden bald genügend Gegner, es gab in der Siedlung am Fluss viele Leute, die Hunger hatten auf Fußball: Frauen, Männer, Junge, Alte.

Kleopatra allerdings war eine Ausnahme. Sie war ein Tier.

Und kaum war sie auf dem Platz, machte sie alles falsch: Sie biss in den Ball oder legte sich hin, um sich zu sonnen. Wenn sie Hunger bekam, lief sie plötzlich weg, auf der Suche nach einem leckeren Steak.

Sie war nicht gemacht dafür, einen Ball in ein Tor zu treten. Sie war für Afrika gemacht.

Wenn sie sich schlafen legte und ihr die Augen zufielen, tauchte Afrika auf, glühend und mächtig. Der Savannenwind streichelte ihr Fell. Löwen schritten durch das Abendrot, Sterne glänzten.

Immer größer wurde das mit der Sehnsucht, der Sehnsucht nach Afrika.
Und es kam der Tag, an dem Kleopatra das Gefühl hatte, dass es Zeit war zu gehen.

Erst war es nur ein Gefühl, dann aber war sie sich sicher.

„Willst du meine Sammlung haben und den Laden?", fragte sie Ed. Sie saßen gerade am Spielfeldrand und beobachteten ein Elfmeterschießen. „Ich brauche sie nicht mehr."
„Klar", antwortete er. „Gegen einen Laden mit Sammlung kann man nicht sein. Willst du weg?"
„Ja!" Kleopatra schrie ihr heiseres Geschrei. „Und da, wo ich dann bin, weht ein heißer Wind. Du solltest mich dort unbedingt besuchen!"

Sie kamen alle zur Müllhalde, um ihr Lebewohl zu sagen. Aki hielt eine Rede, die sieben Geschwister sagten Gedichte auf, sie handelten allesamt von Kleopatras getüpfeltem Fell.
Kleopatra lag auf ihrem Sofa und fraß Gulasch.
„Danke", sagte sie. „Am Ende der Welt war es immer so …" Sie kam nicht auf das Wort.
Sie fraß die letzten Gulaschreste, dann brach sie auf. Ed begleitete sie noch ein Stück. Es ging einen Hügel hinauf. Dort saßen sie und schauten hinab auf das Ende der Welt.
Kleopatra wollte etwas sagen, doch plötzlich gingen ihr die Worte aus. Also richtete sie sich auf und legte Ed die Pfoten auf die Schulter.
„Sei immer …" Sie versuchte, sich an das richtige Wort zu erinnern, aber es gelang ihr nicht.
„Höflich?", fragte Ed.
„Nein …"
„Bescheiden?"
„Nein …"
„Mutig und frei?"
„Ja", sagte Kleopatra. „Mutig und frei. Genau das meine ich."
Ed lachte.

Vor Kleopatra lag eine weite Ebene. Am Horizont erhoben sich mächtige Berge. Was dahinter war, wusste keiner. Doch bis nach Afrika war es ein weiter Weg, so viel war sicher.
Wie wohl sie sich fühlte und wie leicht es sich ging!
Und mit jedem Schritt, den sie tat, vergaß sie die Sprache der Menschen ein wenig mehr.
Als sie am Abend unter einem Baum lag, fiel ihr das Wort für Baum nicht mehr ein. Auch für das, was da über ihr aufging am Himmel, gab es plötzlich kein Wort mehr. Es genügte, dass es da war.
Ihr getüpfeltes Fell schimmerte schön im Abendlicht, und Kleopatra leckte es mit Behagen. Es war einfach nur ihr Fell, getüpfelt und genau so, wie es sein musste.

Als sie am nächsten Morgen weiterwanderte, hatte sie alle Menschenworte restlos vergessen. Auch für Afrika gab es keines mehr.
Doch genau dorthin würde sie gehen.

Der Autor
Will Gmehling, geboren 1957, war lange Zeit Maler, bevor 1998 sein erstes Kinderbuch erschien. *Der Yeti in Berlin* (Verlag Sauerländer, 2001) wurde in viele Sprachen übersetzt. Will Gmehling hat zwei Kinder und lebt in Bremen.

Der Illustrator
Tobias Krejtschi, geboren 1980, ist freischaffender Illustrator, Autor und Bilderbuchkünstler. Sein erstes Bilderbuch *Die schlaue Mama Sambona* (Text: Hermann Schulz, Peter Hammer Verlag, 2007) wurde mit dem Troisdorfer Bilderbuchpreis ausgezeichnet. Die Bilder von Tobias Krejtschi werden auf Ausstellungen im In- und Ausland präsentiert. Er ist Pate des Hamburger Kinderbuchhauses und seit 2014 Dozent an der Freien Kunstakademie Hamburg.

© Will Gmehling (Text)
© Tobias Krejtschi (Illustrationen)
© Peter Hammer Verlag GmbH, Wuppertal 2015
Lektorat: Silvia Bartholl
Satz: Graphium press, Wuppertal
Lithos: PPP Pre Print Partner, Köln
Druck: Livonia Print, Lettland
ISBN 978-3-7795-0529-7
www.peter-hammer-verlag.de